DE L'UTILITÉ
DES COLONIES

POUR LA FRANCE,

ET

DU SYSTÈME DES DOUANES

APPLIQUÉ AUX DENREES COLONIALES;

PAR LE LIEUTENANT-GÉNÉRAL AMBERT.

PARIS,

IMPRIMERIE DE GUIRAUDET, RUE SAINT-HONORÉ, N°. 315,
VIS-À-VIS SAINT-ROCH.

MARS 1822.

DE L'UTILITÉ
DES
COLONIES

POUR LA FRANCE,

ET DU SYSTÈME DES DOUANES APPLIQUÉ AUX DENRÉES COLONIALES.

ⵯⵯⵯⵯⵯⵯⵯⵯⵯⵯⵯ

On voit, depuis peu, se dévoiler progressivement un système qui, sous les dehors d'une économie que tout le monde voudrait, sans doute, voir présider aux dépenses de l'Etat, tend à mettre en question l'existence même de nos Colonies.

Au moment où le budget soumis aux chambres va ramener cette importante discussion, il ne sera peut-être pas sans intérêt de mettre sous les yeux des législateurs quelques notions de nature à fixer les opinions incertaines.

Je voudrais pouvoir parler des choses, sans m'occuper des personnes; mais si quelques noms viennent forcément se ranger sous ma plume, je prie ceux auxquels ils appartiennent, de croire que je n'ai l'intention d'offenser qui que ce soit.

M. le comte Beugnot a prononcé, le 27 juin 1821, à la chambre des députés, un dicours qu'il n'a pas eu sans doute l'intention de rendre hostile, mais qui n'a pas moins jeté l'alarme aux Antilles et dans nos villes maritimes.

Je discuterai d'abord ses diverses assertions; et

si , chemin faisant , je rencontre d'autres doc-
trines inexactes ou dangereuses, je les combattrai
sans me détourner de ma route.

M. Beugnot, après avoir tracé les principales
bases et les effets naturels du traité qui unit les
métropoles et les colonies , ajoute , page 6 :

« Les Colonies , tour à tour livrées à elles-
« mêmes ou occupées par l'ennemi , perdirent ,
« durant vingt-cinq ans, le souvenir, et jusqu'aux
« traditions du contrat qui les unissait à la métro-
« pole. Pendant vingt-cinq ans se formèrent des
« intérêts, des liaisons , des idées nouvelles ;....
« il était impossible de se replacer dans les voies
« anciennes ;.... on peut bien affecter les appa-
« rences, mais on ne retrouve plus la réalité. »

Il y a dans ce passage une injustice grave , en
ce que , sans motif, il jette des soupçons sur la
fidélité des Colonies. En effet, si, pendant vingt-
cinq ans , la France avait abandonné les Colo-
lonies à elles - mêmes , ou si elle avait permis à
l'ennemi d'en faire la conquête, de quel côté serait
la félonie ? S'il s'était formé des idées nouvelles ,
des intérêts nouveaux, quel droit aurait-on de les
censurer, puisque le contrat n'aurait été violé que
par la France ?

Il est, dites-vous, *impossible de se replacer
dans les voies anciennes !* Où sont les obstacles?
Ces voies anciennes étaient celles d'une pleine
réciprocité ; écartez les intérêts étrangers qui se
sont interposés, tout s'aplanira.

On peut bien affecter les apparences ! A qui
adressez-vous ce reproche d'hypocrisie ? Est-ce aux

Colonies qui réclament sans cesse l'exécution du pacte de famille, ou au Gouvernement qui jusqu'ici ne leur a parlé que par la voix du fisc?

« Nous contribuons (page 5) pour une forte « somme aux dépenses de leur administration en « temps de paix, et nous y ajoutons celle de la « protection en temps de guerre. »

N'est-ce point une dérision?

D'abord, pour les temps de paix, ne croirait-on pas que, dans les Colonies, les routes sont faites, les établissemens entretenus, les salaires payés, la justice rendue, la police faite, les embellissemens soldés aux frais des contribuables de la France continentale?

Il en est bien autrement. Les contributions levées dans les colonies de la Guadeloupe et de la Martinique seulement, pendant l'année 1820 (1), se sont élevées à. . . . . . . 3,971,618 fr.

Les dépenses de traitemens et soldes (2) à. . . . . 2,698,484 fr.

Reste. . . . . 1,273,134 fr.

Le trésor de ces deux colonies a donc à la fois payé toutes les dépenses d'administration, ce qui renverse les allégations de M. Beugnot; et il a encore versé dans celui de la métropole une somme qui excède un million deux cent mille francs : c'est-à-dire que la France, au lieu de doter ses Colonies, en reçoit elle-même une dotation.

---

(1) Rapport du ministre de la marine au Roi. Budget de 1822, page 186.

(2) *Idem*, page 188.

.Pour les temps de *guerre*.

Comment se fait-il que M. Beugnot, qui venait de dire que la France avait, pendant un quart de siècle, abandonné les Colonies à elles-mêmes, revendique ici les dépenses d'une protection qu'il avoue n'avoir point existé?

Au surplus, s'il importe, en temps de guerre, que les Colonies soient fortifiées, c'est surtout dans l'intérêt du continent : on n'imagine point qu'on ait pu prétendre que les habitans des Colonies, qui ont toujours fait un service actif pour la défense, doivent encore en supporter les frais. Les habitans de nos villes frontières ont-ils seuls contribué à la construction des forteresses?

Ce qui se fait dans l'intérêt de toute la famille doit être payé par tous ses membres. Nous reviendrons sur cet objet.

Mais, d'ailleurs, si le passé pouvait faire juger de l'avenir, quelles espérances pourrait-on concevoir?

La guerre est, pour les Colonies, le signal de toutes les détresses, de toutes les privations. Leur avez-vous envoyé des vivres pour la population, des animaux pour la culture? Si le pavillon du gouvernement s'y montrait quelquefois, n'est-ce point uniquement pour déposer, à la hâte, quelques provisions de guerre?

Néanmoins, pendant la guerre, les Colons sont tous sous les armes; ils campent, ils bivouaquent; et il est sans exemple qu'une Colonie, pourvue de vivres et défendue par ses habitans, ait été conquise.

« Après la paix de 1783 (page 6) il fut permis
« à nos Colonies de recevoir différentes denrées
« et marchandises de l'Amérique septentrionale :
« une atteinte aussi marquée au système exclusif
« préparait dès lors sa ruine. »

Les deux peuples venaient, par de communs efforts, de terminer une guerre commune, d'opérer l'indépendance d'un grand continent. Le résultat immédiat de leurs succès devait être, pour les États-Unis, la fondation d'un gouvernement destiné à balancer un jour la puissance anglaise ; pour la France, d'ouvrir un vaste débouché aux produits de son sol et de ses manufactures.

Nos possessions dans l'Archipel occidental n'avaient ni assez de bois pour fournir aux constructions croissantes, ni d'autres objets que la métropole ne pouvait fournir, ou dont la main d'œuvre, dans un pays où les bras sont toujours très-rares, aurait trop élevé le prix. Fallait-il arrêter les élans de l'industrie et de l'activité, plutôt que d'emprunter, à des voisins, des matières qu'ils possèdent en surabondance, et qu'ils nous livrent à des prix modérés ?

Nous avons, à notre tour, non pas des denrées, comme l'annonce M. Beugnot, mais des matières sans usage pour la métropole, et que le commerce des États-Unis reçoit en échange, c'est-à-dire la mélasse, et la mélasse seulement, ou les tafias qui en proviennent, et dont la consommation ne peut être faite sur les lieux dans une proportion suffisante.

Au surplus, les Colonies ne produisent ni chevaux pour les usages domestiques, ni bœufs pour alimenter les boucheries. Devait - on les abandonner, ou consentir à ce qu'elles reçoivent de l'étranger ce que vous êtes hors d'état de leur fournir ? Voilà le problème.

Trente millions de kilogrammes de morue suffisent à peine à la consommation des deux Colonies.

On vous accorde des primes d'importation, et vous ne pouvez ni assurer les fournitures, ni soutenir la concurrence..... Faut-il renoncer aux Colonies pour les punir de votre inactivité ?

Les mêmes considérations s'appliquent aux salaisons d'autres poissons et de bœuf, que vous pourriez, sans doute, mais que vous ne savez ou que vous ne voulez point fournir.

Ainsi, nos Colonies ne reçoivent des Américains que des objets indispensables, et elles ne donnent en échange que des matières inutiles à la métropole, et sans emploi dans le pays.

« Les Colonies (page 9) sont toujours *gonflées* « de marchandises étrangères.... Nous ne pou-« vons y introduire nos propres marchandises.... « Les Colonies font plus !.... Sous le bénéfice du « monopole que nous leur accordons en France, « elles nous envoient, *probablement*, les denrées « qui ne proviennent pas de leur sol. »

Probablement ! Ainsi M. Beugnot asseoit ses injustices sur des présomptions. Il avoue qu'il n'a point de preuves, et cependant il accuse !

Mais, puisqu'il voit nos Colonies gonflées de

marchandises étrangères , devait-il du moins cher-cher à connaître la route par laquelle ces mar-chandises arrivent.

Pourquoi n'interroge-t-il point les cartons du ministère de la marine , ou même la publique renommée ?

On lui apprendra , de toutes parts, que le com-merce interlope se pratique , en plein jour, sous les yeux des préposés envoyés de France , qui le tolèrent ou le protègent ; que les magasins des douanes lui servent d'asile ; que ces mêmes pré-posés servent de guides et de gardiens aux mar-chandises prohibées ; et que, dans ce moment même , plusieurs d'entre eux , pris en flagrant délit, sont en fuite.

M. Beugnot, vous saviez tout cela ; la contre-bande n'emporte que de l'argent ; les sucres des colonies anglaises étant livrés à meilleur marché que les nôtres , parce qu'ils payent moins d'im-pôts , le fait immédiat de la contrebande est de laisser nos récoltes invendues : vous saviez que les choses étaient à ce point, que les bâtimens français ont été souvent contraints d'abandonner leurs cargaisons, ou de les rapporter en France ; et cependant vous déclarez (page 10) que vous n'accusez ni ceux *qui font, ni ceux qui tolè-rent cette sorte de contrebande.* Nous n'exa-minerons point quels ont pu être les motifs de cette indulgence ; mais il y a lieu d'être surpris que vous ayez pu en trouver pour accuser ceux qui ne sont que les victimes de ces abus.

« Je ne vais pas (page 10) jusqu'à conclure

« que la France doit renoncer à ses Colonies. Je
« demande seulement qu'on ne s'obstine pas plus
« long-temps à payer chèrement ce qui n'est plus
« et ce qu'on ne ressuscitera jamais.

« Je ne raisonne que sur des faits ; et je déclare
« que je m'arrête à l'instant, s'il y a quelqu'un
« dans la chambre qui soit en état d'affirmer que
« nos Colonies ne reçoivent exclusivement que
« les produits de notre sol et de notre industrie,
« et ne nous renvoient exclusivement que les pro-
« duits de leur territoire. »

Comment a-t-il pu se faire que cette interpel-
lation soit restée sans réponse ?

Est-il un député qui ne sache que l'administration des douanes préside à toutes les partances, à
toutes les arrivées ? que rien ne peut être exporté,
que rien ne peut être introduit qu'en sa présence et
sous le sceau de son autorisation ? et que, puisqu'il se commet de la fraude, elle ne peut être
imputée qu'à ceux qui en profitent, et non aux
habitans dont elle accélère la ruine ?

Il s'est écoulé bien peu de temps depuis que la
surveillance a été remise à des employés nommés
en France : jusqu'alors, la loyauté avait écarté
tous ces malheurs et tous ces scandales.

Il est trop vrai que des marchandises étrangères
ont été introduites dans nos Antilles ; mais ce n'a
pu être qu'à l'insçu et au détriment des Colons.

Il est faux, il est palpable qu'il est faux que
nos Antilles aient introduit en France des sucres
étrangers : elles n'avaient ni intérêt, ni pouvoir
de le faire ; il suffit d'un peu de bonne foi pour en

être convaincu ; car, d'un côté, leurs denrées dé-
périssent faute de débouché ; de l'autre, c'eût été
ouvrir une concurrence toujours préjudiciable :
et, en tout cas, la douane seule serait coupable,
car elle seule aurait eu le moyen de faire ou d'empêcher la fraude.

L'exportation interlope des sucres, dans les Colonies françaises, ne peut être qu'une monstruosité
idéale.

Il y a, en général, dans le discours de M. Beugnot, quelque chose de mystérieux, une disposition de paroles qui ont grand droit de sur-
prendre.

Que veut-on faire payer *qui ne soit plus* et qui
ne ressuscitera jamais ?.... La mer a-t-elle déjà
englouti nos Colonies ? ou bien les élémens de
prospérité y sont-ils tellement altérés, que cette
prospérité ne puisse plus renaître ?.... Filles de la
France, leur exhédération est-elle déjà arrêtée,
prononcée ? Les liens d'utilité commune sont-ils
rompus ? M. Beugnot se serait-il chargé d'annon-
cer, de la tribune nationale, aux Français des deux
mondes, que la France n'aura plus ni commerce,
ni marine, ni Colonies ? Il y aurait là trop de zèle
pour les prospérités ennemies, trop d'insensibilité
pour nos propres infortunes !

Mais cet homme d'état, dont les prévisions sont
d'ailleurs si hardies, ne croit pas cependant que le
moment soit venu de réaliser l'abandon de nos
Colonies. Une transition lui paraît nécessaire ; et,
pour ne pas trop effrayer la France elle-même, il
se couvre du voile de l'économie, et propose de

retrancher du budget les *deux millions six cent mille francs* que leur administration *nous coûte,* dit-il, *à peu de chose près.*

Il ajoute (page 11) : « Les *abus* dans l'emploi « des *fonds* que nous envoyons aux Colonies, « l'embarras, la confusion, la multiplicité des « formes, enfin, ce que l'administration a de « vicieux, disparaîtra insensiblement, lorsqu'on « aura laissé aux Colons le soin d'en régler et d'en « payer eux-mêmes les frais. »

On a déjà fait connaître que les impôts levés dans les deux Colonies, au profit de la France, excèdent les frais d'administration de ces mêmes Colonies de près de treize cent mille francs, quelquefois de seize cent mille, et que toutes ces sommes vont toujours grossir le trésor royal (1).

Ainsi, vous faites un bénéfice sur l'administration ; votre prétendue dotation n'est qu'une ironie ; en la replaçant dans ses véritables termes, vous trouverez que la France profite sans rien donner, et que les Colonies payent sans rien recevoir.

Il ne suffisait pas à M. Beugnot de reprocher à la Martinique et à la Guadeloupe une dépense qu'on ne fait point pour elles ; il a voulu leur imputer jusqu'aux abus qui peuvent exister dans la manière dont cette dépense est faite.

Autrefois chargé du ministère de la marine,

---

(1) Voyez *Considérations générales sur les colonies,* note de la page 98.

il a oublié que tous les agens comptables ; tous les ordonnateurs, aux Colonies comme en France, sont nommés par la France ; que toutes les formes, quelque multipliées qu'elles soient, sont prescrites par la France ; que les Colons n'ont aucune part aux affaires coloniales ; et que, s'il y a des *embarras*, s'il se commet des *abus*, le crime, comme les profits, ne doivent être que pour ceux qui, seuls, peuvent les commettre.

Après avoir accusé les Colonies pour écarter d'elles toute espèce d'intérêt, voici la compensation que M. Beugnot ne craint pas de leur offrir.

Je copie ses propres termes :

« Je proposerais (page 12) un tarif des droits « qui conservât à la France des avantages *signalés*, « à l'entrée dans nos Colonies, et qui assujettît les « autres puissances à des droits *modérés* et exac- « tement perçus, à la place de la franchise que leur « procure aujourd'hui le commerce interlope. »

S'il s'agissait de la négociation d'un traité de commerce entre la France et une autre puissance maritime et manufacturière, s'il importait aux négociateurs de cette puissance de pousser les Colonies françaises au désespoir, ferait-on une proposition plus décourageante pour elles, plus fertile en résultats également déplorables pour ces mêmes Colonies, pour nos manufactures et pour nos villes maritimes ?

Posons quelques principes.

Les Colonies ne sont point une conquête ; leurs habitans ne sont point des ilotes.

Il existe entre les Colonies et la métropole un

contrat que la métropole ne peut résoudre sans
que les Colonies ne se trouvent *de droit* affran-
chies de toute soumission.... Toute intervention
dans les affaires coloniales doit être interdite à
la métropole ; toute participation aux affaires de
la métropole doit être interdite aux Colonies.

Le contrat rompu, la nationalité cessant,....
d'une part, il n'existe plus de droits ; de l'autre,
il n'existe plus de devoirs ;.... il n'y a plus ni protection, ni allégeance ; l'émancipation ne peut être
que totale, absolue. La France, en proclamant
qu'elle se sépare des Colonies, ne peut rien retenir de son autorité sur elles. La France recevra
les sucres, le café, du vaisseau, quel qu'il soit,
qui les lui livrera à meilleur marché ; les Colonies
vendront leurs récoltes au pavillon qui les payera
le plus cher.

On est, sur la véritable consistance des Colonies,
dans une erreur grave !.... La disposition du sol,
la bravoure des habitans écarteront, sans doute,
de leurs rivages, toute entreprise qui aurait pour
objet la conquête.

Les Colonies libres n'auraient plus d'ennemis.
La Guadeloupe et la Martinique auront toujours
assez de concurrens sur leurs marchés pendant la
paix, assez de protecteurs pendant la guerre.

Mais, la France elle-même, en cas de guerre
(car la paix n'est pas éternelle), où trouvera-t-elle
un asile contre les tempêtes, des ports pour réparer ses vaisseaux, des abris pour le rendez-vous
et la réunion de ses escadres ?

La marine de l'Etat ruinée, détruite si elle

sort, ... déshonorée si elle reste sur ses ancres !

La marine commerçante sans protection, ..., partout tributaire en temps de paix, ... partout humiliée, captive en temps de guerre !

Nous n'avons, dites-vous, que deux colonies, et vous vous en fermez l'entrée ! Les lords de l'amirauté vous donneraient-ils un autre conseil ?

Vous voulez leur refuser tout secours, et vous vous réservez chez elles des avantages *signalés*. Vous vous séparez d'elles, et vous voulez leur dicter des lois ! et, comme s'il était désormais dans la destinée de la France de ne jouir d'aucun avantage sans le partager avec les étrangers, vous annoncez aux Colonies abandonnées que vous prétendez garantir, à leurs dépens, d'abord à la France, tous les équivalens d'une franchise, et, aux autres puissances, les droits les plus *modérés*.

Ainsi, d'un côté, vous voulez mettre toutes les dépenses à la charge des Colonies, et de l'autre, vous leur ôtez tous les moyens d'y subvenir !

« Deux faibles Colonies (page 13) ne nous suf-
« fisent pas !...... elles nous offrent tout au plus
« deux cent mille consommateurs, entre lesquels
« trente à quarante mille blancs ou hommes de
« couleurs.

« Or, ce débouché est minime si on le compare
« à ceux que nous donneraient ces états anciens
« ou nouveaux qui s'offrent, de toutes parts, à
« nos consommations. »

Deux faibles Colonies ne nous suffisent pas !

La question n'est pas de savoir si deux colonies nous suffisent ; si un sol resserré peut consommer la surabondance de récolte, ou les produits de l'industrie d'un sol fertile et étendu.

Je dirai, avec plus de vérité, où gît le problème.

Tout le monde sait qu'entre la France et ses Colonies, nulle proportion n'existe, nulle comparaison ne peut être faite.... Dans l'une, une population immense, homogène, et toujours croissante ; dans les autres, une population faible, et composée d'élémens divers....... En France, toutes les jouissances de la vie sociale ; aux Colonies, toutes les privations de la solitude.... Ici, un climat conservateur ; là, tous les ravages, tous les germes de destruction.... D'une part, un travail facile, des productions variées ; de l'autre, une culture monotone, surchargée de détails, et procédant toujours sous le soleil d'une zone enflammée..... En France, des cultivateurs mercenaires et sans maîtres, mais délaissés, abandonnés, si l'âge, ou même une maladie passagère leur rend le travail impossible ; aux Antilles, des cultivateurs que l'intérêt et l'humanité couvrent d'une double surveillance, et desquels des soins, toujours attentifs et bien entendus, écartent les maladies, ou soulagent les souffrances ;

Sur le sol de la métropole, tous les moyens de satisfaire aux besoins de la vie placés par une nature bienveillante à côté de ces mêmes besoins ;

Sur le sol des Colonies françaises, point de

fruits, point de troupeaux, point de manufactures, la nature leur a refusé jusqu'aux céréales. On
n'y vit que du pain apporté d'Europe; on n'y est
vêtu que des tissus que vous avez fabriqués; on n'y
remue la terre qu'avec les instrumens que vous
avez forgés.

Ah! sans doute, c'est là un fatal esclavage;
mais est-ce à vous de leur en reprocher l'humilia-
tion, ou d'en aggraver le poids? Ne sentez-vous
point qu'il serait dangereux de presser cet état de
choses? ne devinez-vous pas les conséquences qui
devraient en sortir?

*La Guadeloupe et la Martinique ne vous suf-
fisent pas!*

Lorsque tout ce qu'elles consomment leur vient
de vous, lorsque tout ce qu'elles produisent ne
peut aller qu'à vous, où prendrez-vous le droit
d'exiger davantage? Il existe entre elles et la
France un contrat, dont elles ont rigoureusement
subi les charges : si les temps sont changés, si les
charges que ce même contrat vous impose vous
paraissent onéreuses aujourd'hui, vous n'avez,
vous ne devez avoir qu'une seule alternative.... Il
faut, ou exécuter pleinement et avec loyauté vos
devoirs envers ces Colonies, ou prononcer avec
franchise le divorce politique qui, entre elles et
vous, doit rompre toute espèce de réciprocité.

Toutefois, peut-être conviendrait-il à la France
de ne pas se montrer aussi docile aux conseils
qu'on lui donne?

Si ces conseils sont suivis, la France peut ven-
dre ou brûler ses vaisseaux, combler ses ports...

Les mers n'existeront plus pour elle au delà de la portée du canon de ses côtes... Carthage voulut bien empêcher les Romains de laver leurs mains dans la mer de Sicile ! la France , peut-être supérieure à l'Angleterre , pendant la guerre d'Amérique , a vu toutes les mers ouvertes à ses escadres... Le premier acte de résistance aux volontés d'Albion lui rendrait impossible le simple cabotage sur ses propres rives... Elle n'aurait ni prétexte , ni pouvoir de visiter les mers lointaines. Les nations ne recherchent d'alliance, n'accordent ni faveur ni priviléges , là où elles ne peuvent trouver les garanties de la force. Les besoins des temps de guerre sont toujours le principe et la mesure des relations qui régissent les temps de paix... Les masses , comme les individualités, rien ne s'attache à la faiblesse.

Ces états anciens et nouveaux qui , dans les générosités politiques de M. Beugnot , *s'offrent de toutes parts à nos communications* , où sont-ils ? que feront-ils ?

Le Chili, le Pérou, Buénos-Ayres , Colombie , sont déjà les alliés , les amis de l'Angleterre ; elle les a secourus pendant la guerre , elle espère avoir toutes les faveurs pendant la paix.

Les Etats-Unis , autre continent immense, auraient pu vous offrir de vastes débouchés : vous avez tellement élevé vos tarifs sur leurs provenances , que leurs ports vous sont aujourd'hui fermés.

L'Inde ! vous trouverez partout l'Angleterre, refusant les productions de vos manufactures , et vous forçant à payer à deniers comptans tous les objets dont elle ne s'est point réservé le mono-pole.

Sans doute on pourrait ouvrir ou préparer des communications avec des *états nouveaux* : l'occasion est belle, mais fugitive !.............. Ne vous laissez pas prévenir de vitesse, et surtout, n'oubliez point que vos Colonies seront toujours le lien nécessaire de toutes relations avec ces états. Cette vérité n'échappera point aux hommes éclairés, quoique la prudence ne permette point d'en donner ici la démonstration.

Vous avez fait une énorme faute !... ne l'aggravez point en révélant à vos Colonies le secret de leur plus grande prospérité. La désaffection ne serait pas seulement une injustice envers elles, elle serait encore pour vous une cause d'impuissance. Une colonie insulaire ne peut appartenir qu'à elle-même, ou former un pacte de famille avec la puissance qui, au besoin, peut ceindre ses côtes d'un plus grand nombre de vaisseaux de haut-bord.

Jusqu'à ce que le Nouveau-Monde se soit créé à lui-même une marine, il ne contractera d'amitié qu'avec des marines protectrices et puissantes. La nature a tracé de grandes démarcations sur deux immenses continens ; elles seront un jour adoptées par la politique. Multipliez vos bâtimens de guerre, pour acquérir le droit d'intervenir dans les débats, et rétablir le nom et le commerce français dans le rang qu'il doit occuper.

Jusque-là profitez des avantages qui vous restent. Vos Colonies sont placées entre les continens, pour servir d'entrepôt à leurs productions respectives; pour l'un des grands marchés où doivent s'opérer les grandes transactions entre les deux mondes; augmentez vos forces! Les mers ne sont plus qu'une large route ouverte au commerce; mais là, comme dans les déserts de l'Orient, il faut des escortes pour protéger la marche des caravanes : si vous êtes faibles, vous serez la proie des uns et la risée des autres.

Ne disons plus que deux Colonies ne nous suffisent pas : sans doute il serait heureux que notre ancien patrimoine fût encore intact; mais est-ce un motif de renoncer à ce que nous possédons encore : si l'état se retire des Colonies, le Nouveau-Monde tout entier se fermera pour la France.

Les denrées coloniales vous seront apportées en affluence; vous recevrez à la douane les droits que vous aurez imposés; mais ne s'agit-il donc que d'assurer à la France une consommation de luxe? ne conviendrait-il pas de savoir à quel prix vous l'aurez achetée?

D'abord, la contribution de la douane *pour ces denrées que vous devez consommer*, est une véritable contribution sur la France, une charge réelle supportée par le consommateur; à cet égard, la seule question est de savoir si l'état s'enrichit par les illusions des tarifs quels qu'ils soient, quelque élevés qu'ils puissent être.

Quant aux objets qui *sortent*, la question se complique. . Les droits payés à la frontière sont bien ensuite remboursés par l'étranger ; mais je laisse aux hommes plus éclairés le soin de décider s'il ne vaudrait pas mieux encore ne pas les percevoir. Les armées de la douane devraient toujours, ce semble, avoir le front tourné vers les pays du dehors (1).

Le peuple le plus riche est toujours celui qui exporte le plus et qui importe le moins ; plus heureux encore celui qui, pour ses besoins personnels, n'a recours qu'à des échanges.

Ce ne sera point à ce titre que vous obtiendrez les denrées coloniales ; elles seront toutes au pouvoir de l'Angleterre, et l'Angleterre vous vendra chèrement ce qu'elle seule aura le droit de vous fournir.

De là, un écoulement annuel de numéraire qui, dans un court espace de temps, doit avoir pour effet de tarir les sources du commerce intérieur, et de livrer à l'Angleterre tous nos moyens d'aisance et de prospérité.

Je lis (2) dans le rapport fait au Roi par le ministre des Colonies, pour le budget de 1820, que les valeurs versées par les Colonies dans les ports de la métropole, en 1815, ne sont pas restées au-dessous de cent sept millions ; ajoutez à cette somme celle très-modique de vingt-trois millions

____

(1) On peut consulter à ce sujet un Mémoire demandé par l'académie de Lyon, et présenté par M. le chevalier de Guillermin, lieutenant-colonel au corps royal d'état-major, et déjà connu par plusieurs ouvrages sur l'économie coloniale.

(2) Voyez *Considérations générales sur les colonies*, page 91.

pour la valeur des objets que la France a exportés cette même année dans les Colonies, et calculez ce que la suppression de ces avantages pourra avoir pour résultat, dans un intervalle de vingt ans.

Poursuivez..... Tout ce que vous envoyez dans les Colonies est sorti de vos ports propre à la consommation; il a payé le salaire de vos ouvriers, les récompenses dues à votre industrie; les sucres que vos Colonies vous envoient ne sont que des matières brutes, qui occupent encore un grand nombre d'ouvriers, qui reçoivent en France des préparations, dont tous les frais tournent au profit de la France; les échanges ne se font que par des bâtimens français.

L'Angleterre une fois constituée l'arbitre de vos consommations, il n'y aura plus d'échange; elle vous livrera des sucres préparés; elle en fixera le prix. Vos marins seront sans état, vos rafineries sans objet; vous aurez voulu vous séparer de vos Colonies, vous ne serez vous-mêmes qu'une colonie anglaise.

Nous avons perdu la Grenade, la Dominique, Ste.-Lucie, Tabago, St.-Christophe, le Canada, et, avec lui, le St.-Laurent, l'Ohio, le Meschacébé, l'Acadie, aujourd'hui Nouvelle-Ecosse, la Louisiane, St.-Domingue, l'île-de-France, nos possions de l'Inde; car, réduits à deux simples comptoirs, nous nous sommes interdits de défendre Pondichéry, et les Anglais ont la clé de Chandernagor. L'île Bourbon, sans abri pour les vaisseaux de guerre, sans forteresses intérieures, ne semble placée sur la route que pour attendre la conquête, ou attester la puissance britannique.

Le Sénégal nous offrira-t-il du moins une compensation à tant de pertes ?

Nous sommes loin de lui envier les encouragemens qu'on lui donne, les douze cent mille francs qu'on lui envoie, les autres sacrifices qu'on lui fait ; mais le sol y dévore les Européens, et ne peut être cultivé que par des indigènes. On détruit la traite pour n'avoir que de libres cultivateurs ; le Sénégal serait cultivé par des esclaves d'un roi sauvage ; .... on fait avec ce roi la traite en masse ; .... la France a la propriété de la terre ; ce roi a la propriété des bras qui doivent la cultiver. — Si un traité semblable pouvait s'exécuter, s'il était possible qu'un terrain de sa nature, ingrat et pestilentiel , devînt un jour habitable et productif, n'est-il pas bien naturel de croire que la France n'aurait travaillé que pour son allié, et qu'on serait forcé d'abandonner des améliorations qu'on n'aurait pas le pouvoir de défendre ?

Les contributions du Sénégal (1) ne sont évaluées, dans le budget du ministère de la marin e, pour 1822 , qu'à. . . . . 21,500 fr.

Les contributions et revenus de domaines de la Guadeloupe et de la Martinique sont portés portés, dans le même budget, à. . . 3,971,618 fr.

Et l'on propose d'abandonner celle-ci, et l'on garde le silence sur l'autre !

Au Sénégal, tout est à faire, et ne peut être fait qu'avec des bras étrangers , et probablement

---

(1) Rapport du ministre au Roi, page 36.

pour une ambition étrangère. Aux Antilles françaises, tout est français et homogène ; au Sénégal, tout votre argent tombera sur un sol stérile ; les Antilles ne vous demandent point d'argent, elles n'ont besoin que de justice et de réciprocité. La Guadeloupe, la Martinique, Cayenne vous promettent d'abondantes récoltes, une possession durable et paisible : quel motif aurait-on d'aller tout sacrifier, tout perdre en Afrique ?

Je crois avoir suffisamment démontré, pour la France, les avantages attachés à la conservation de ses Colonies, sous le point de vue politique. — Je vais examiner ceux qu'elle peut retirer de leurs produits. D'un côté, M. Beugnot assure (pages 17 et 18) que, dans les Colonies, la contrebande détourne les denrées coloniales des *anciennes voies*.

De l'autre, M. le directeur général des douanes ne porte les sucres étrangers que pour huit millions de kilogrammes, dans le tableau des sucres importés en France pendant l'année 1820.

Il suffirait donc de proposer à la surveillance des côtes, des hommes actifs et fidèles ; car, la consommation de la France n'ayant été, cette même année, que de quarante-neuf millions, il résulterait des faits énoncés, qu'il nous suffit des quantités produites par notre propre sol.

Mais, voyons jusqu'à quel point nous devons nous arrêter aux documens présentés.

Nous avons sous les yeux l'état des sucres embarqués *pour France*, dans une seule de nos Colonies (la Guadeloupe), pendant l'année 1818. Cet état, conforme aux registres de l'administration dans la Colonie , constate que les exportations se sont élevées, savoir :

Les sucres bruts, à . . . . . . 18,796,666 kil.
Les sucres terrés, à . . . . . 2,336,368 kil.

Ensemble, ... 21,133,034 kil.

On peut, sans erreur, ajou-
ter pour les mêmes denrées.
exportées. de la Martinique. . 21,133,034 kil.

Total. . . . . 42,266,068 kil.

M. de Saint-Criq, dans son
discours du 27 juin 1821 (p. 8)
n'élève ces mêmes quantités,
pour cette même année, qu'à. 30,000,000 kil.

Différence. . . . . 12,266,068 kil.

Nous ne chercherons point quelle a pu être la cause d'une aussi grande erreur dans l'expression de résultats nécessairement identiques , dans les comptes rendus par deux administrations, dont l'une est, en tous points, subordonnée à l'autre : nous nous bornons à garantir l'exactitude de nos documens.

On reproche aux Colonies (page 8) jusqu'aux améliorations de leur culture. On remonte jus-qu'à 1788, qu'on compare à 1820; et, trouvant une plus grande masse de productions, et des prix plus élevés à cette dernière époque , on leur demande où est la preuve de leur détresse ?

Comme si les besoins ne suivaient pas la pro-gression de la culture ; comme si le sucre des Colonies françaises avait seul obtenu des faveurs sur les marchés d'Europe ; comme si l'élévation des prix des sucres n'était point l'effet immédiat de l'élévation des prix des marchandises et des denrées que l'Europe leur envoie; comme si , en 1820 , les droits sur les sucres n'étaient pas sept fois plus élevés qu'en 1788 (1).

M. le directeur général, pour être juste, devait présenter en même temps les mercuriales des objets importés à la Guadeloupe et à la Martinique, à la même époque de 1788.

Ainsi , on veut abandonner les Colonies, parce qu'elles ne consomment point assez , parce qu'elles ne produisent point assez ; et on trouve mal qu'elles produisent plus c'est-à-dire, qu'elles acquièrent le moyen de consommer davantage (2).

Ne semblerait-il point qu'il ne se consomme jamais assez de sucres étrangers, c'est-à-dire, qu'on ne met point assez d'empressement à faciliter l'épuisement du numéraire? que le tarif est trop lourd pour ces mêmes sucres, trop léger pour les sucres français? Faudrait-il donc arriver à l'exclusion effective de nos propres produits?

M. le directeur général (3) fait observer que la culture du café a *singulièrement dégénéré* dans nos Colonies, et que son produit n'atteint pas même à la moitié de notre consommation.

Ce fait est exact; mais il a besoin d'être expliqué.

Le cafier ne prospère que dans un sol encore

---

(1) Pétition des Bordelais, pages 4 et 5 (Voyez *Considérations* , page 64).

(2) Discours de M. de Saint-Cricq, page 7.

(3) Discours de M. de Saint-Cricq, page 28.

vierge; le terme moyen de son existence est de vingt-cinq ans : il n'atteint pas ce terme s'il n'a point rencontré une grande profondeur de terre végétale; il dépérit si cette terre n'est point d'une qualité supérieure.

Il faut de longs travaux pour abattre, déraciner et faire consumer les bois dont il doit prendre la place; car les arbres, d'un volume inconnu en Europe, restent sans usage.... Il faut cultiver ensuite pendant cinq ans sans produit.

Ainsi, d'un côté, de grandes avances, et la certitude de jouissances d'une courte durée; de l'autre, l'évidence que les cafés ne peuvent être cultivés que dans les pays prospères. Depuis long-temps ce n'était plus là la position des Colonies françaises!

Mais la Guadeloupe et Cayenne possèdent de vastes étendues propres à cette culture; la France peut y réparer ses pertes; secondez l'activité des créoles, vous ne tarderez pas à en éprouver les effets.... Dites-leur que, lorsque leurs récoltes pourront suffire à vos besoins, elles auront toutes les préférences... Ils ne vous demandent point de secours, il ne leur faut que les garanties de l'esprit de famille.

La terre qui ne peut plus nourrir le cafier commence à être propre à la culture du coton et de la canne à sucre; et, par une succession naturelle, la culture du café, pénétrant dans les terres jusqu'ici sans emploi, prépare d'autres établissemens plus importans encore.

Tous ces faits, toutes ces considérations s'appliquent au cacao comme au café ; il reste à la France coloniale assez d'étendue, un sol assez fertile, pour qu'elles puissent, en peu d'années, assurer à la métropole toutes ses consommations en sucre, en café, en cacao, et jusqu'à un certain point en épiceries, si le gouvernement en encourageait spécialement la culture.

Voyons quels en seraient à peu près les résultats, en nous renfermant dans les limites les plus étroites.

Il est un principe d'économie politique, partout et toujours irrécusable ; tout ce qu'un peuple produit et consomme est un élément d'aisance et de force nationale ; tout ce qu'il consomme et qu'il n'a point produit est une cause de détresse, s'il n'est pas un objet d'échange : tout ce qu'il achète l'appauvrit.

Il ne sera pas sans intérêt de consigner ici quelques documens qui fassent connaître ce qui a lieu en France à cet égard ; je veux dire quelles quantités de denrées coloniales elle achète, et quelle quantité de numéraire cette opération fait passer à l'étranger.

(1) *Sucres de l'Inde.*

Importations	12,000,000	
Exportations françaises . . .	1,000,000	
	11,000,000	ci. 11,000,000

(1) Discours de M. de Saint-Cricq, 1822, page 37.

Report 11,000,000

Sucres du Brésil.

Importations   8,000,000
Exportations françaises . . .   4,000,000
                                4,000,000 ci. 4,000,000

Sucres de la Havane.

Importations   13,000,000
Exportations françaises . . .   6,000,000
                                7,000,000 ci. 7,000,000

Numéraire exporté en 1820 pour achat de
sucres   22,000,000

Ces résultats sont extraits d'un document présenté aux chambres par le gouvernement lui-même, dans la session de 1821.

Il ne nous appartient point de fixer les relations qui existent, ou qui pourraient exister entre la France et l'île Saint-Domingue; l'état actuel de ce pays digne, sous tant de rapports, d'exciter la sollicitude du gouvernement, n'est peut-être point assez connu; d'un côté, des erreurs honorables dans leurs causes, mais fatales dans leurs conséquences; de l'autre, des espérances légitimes, mais excessives, doivent obscurcir la véritable route... Un peuple de cultivateurs converti en peuple de soldats... une population déjà réduite au tiers, et composée de deux classes d'hommes, ennemis irréconciliables... une terre déjà couverte de halliers, et paraissant rétrograder à grands pas vers l'état primitif... un pays semblable ne peut avoir un long avenir!

Des conseils solitaires ne seraient point entendus; qu'il me soit du moins permis de dire que,
dans des questions d'un si haut intérêt, le premier soin des hommes d'état appelés à les résoudre
doit être de chercher à bien connaître les choses
et les hommes, et de n'embrasser de théories,
quelles qu'elles soient, qu'après avoir pu compa-
rer le bien et le mal qu'elles peuvent produire,
soit pour l'état, soit pour les individus... Ici la
matière est grande et délicate, les apparences
trompeuses : l'investigation doit être profonde.....

Je reviens à mon sujet.

Il est constant, 1°. que l'île Sanit-Domingue,
non-seulement ne fabrique point de sucre, mais
qu'elle cultive à peine assez de cannes pour le
sirop qu'elle consomme ...; 2°. que le pavillon
français n'est point reçu dans ses ports. (1)

Cependant les sucres de cette colonie sont ac-
cueillis en France comme provenance française.,.
N'est-il pas évident que, puisqu'elle ne produit
point ce qu'elle nous envoie, les faveurs qu'on
lui accorde ne profitent qu'aux Anglais de la Jamaïque, dont les récoltes sont ainsi francisées,
en touchant un sol qui repousse tout ce qui est
français. Nous achetons à prix d'argent les sucres
de tous les pays, et l'on refuserait d'acquérir ceux
de nos Antilles par de simples échanges. On
réunit, on accumule tout ce qui est nuisible; on
écarte tout ce qui est profitable.

Les sucres de l'Inde, de Manille, de la Co-

---

(1) *Considérations générales sur les colonies*, page 76.

chinchine , tous les sucres de l'Asie ne payent que de faibles droits ; les sucres bruts des possessions françaises, au contraire, payent un droit de 70 f. 76 c. par 100 kilog. savoir :

<table>
<tr><td>Droit de douane repré-
sentatif de la capita-
tion des esclaves... 19 fr. 46 c.</td><td rowspan="2">dans la colonie 21 fr. 26 c.</td></tr>
<tr><td>Droit de sortie à raison
de 2 p. % le quintal
métrique étant éva-
lué pour la percep-
tion à 90 fr........ 1   80</td></tr>
<tr><td>Droit de douane en France   49   50</td></tr>
<tr><td colspan="2" style="text-align:center">Total des droits ......   70 76</td></tr>
</table>

Observez encore que , pour le règlement de l'un des droits qui se perçoivent dans les Colonies, le prix des sucres bruts est fixé par l'ordonnance coloniale du 29 décembre 1820 , à 45 fr. par quintal poids de marc, quoique M. le directeur général des douanes atteste , page 7 de son discours du 27 juin 1821 , que *les mercuriales des Colonies font foi que les sucres ne se vendent, à la Guadeloupe et à la Martinique, que de 30 à 52 fr. le même quintal.*

Ainsi , la matière imposable se trouve grevée d'un droit qui excède d'un tiers le droit légal.

Est-il une espèce de propriété quelconque sur le globe , qui puisse supporter de telles charges ? Ces faits, dont tous les documens légaux attestent la réalité , ne prouvent-ils point , avec évidence , que cet état de choses ne saurait subsister sans injustice ?

Tandis que des erreurs aussi déplorables s'accréditent et menacent de se perpétuer parmi nous, jetons un coup d'œil sur la conduite des autres puissances.

La Russie colonise les Californies, et ses projets sont grands, puisqu'un ukase en a défendu les approches à tout autre pavillon qu'à celui du Czar, à quarante lieues des côtes.

Voilà la Russie en contact avec les États-Unis, et sur le même continent, à la côte nord-ouest de l'Amérique, depuis le détroit de Behring jusqu'à la Colombia ou jusqu'au Nouveau-Mexique !

La Hollande, après avoir perdu Ceylan et le Cap de Bonne-Espérance, reconstruit avec fermeté l'édifice de sa prospérité commerciale et maritime dans l'île de Java et dans d'autres îles de l'Archipel indien, dont elle dispute, à main armée, la possession à l'Angleterre, sans que les métropoles respectives aient vu altérer l'union qui règne entre elles, en Europe.

En Allemagne, une compagnie, sous la protection du gouvernement prussien, et sous le nom de *Compagnie Rhénane des Indes-Occidentales*, entreprend l'introduction des produits de l'Allemagne et de ses manufactures dans l'Amérique espagnole.

L'Espagne!... quelques hommes, toujours préoccupés, la représentent appauvrie, défaillante. Je ne puis accepter d'aussi tristes présages. L'Espagne a aussi commis des fautes ; ses possessions d'outre-mer n'ont eu que les charges de la conquête ; leurs tributs allaient grossir des trésors étrangers ; les emplois de l'administration, de l'armée, de la marine n'étaient occupés que par les envoyés d'Europe ; un régime exclusif de toutes lumières , de toute industrie, de tout droit politique, des réclamations toujours renouvelées, toujours répondues par des mesures plus rigoureuses ; trois siècles d'injustice !

Tel était l'état de ces peuples, vivant sur un sol qui renferme toutes les richesses , qui peut donner à ses habitans les productions de toutes les latitudes , qui possède tous les métaux , des ports nombreux , spacieux et sûrs , et d'inépuisables quantités de bois propres aux constructions navales.

Mais l'Espagne elle-même était-elle mieux gouvernée , plus heureuse ? des vaincus opprimés pouvaient-ils être entendus par des vainqueurs dégénérés? L'accessoire avait plus de poids que le principal ; la protection était impuissante, la réciprocité impossible ; la soumission aveugle ne pouvait être perpétuelle. Le caractère distinctif de cette grande époque pour l'Amérique , c'est le sentiment inoffensif du mauvais traitement qu'elle subit ; elle se réveille d'un long assoupissement produit par la conquête ; mais elle n'est point hostile : il a bien fallu qu'elle prenne ce que personne ne voulait lui donner ; la péninsule européenne, déshéritée de toutes les facultés qui constituent les grands peuples , ne pouvait ni comprendre ni concéder des institutions que toutes les moralités réclament comme la condition désormais nécessaire du commandement et de l'obéissance.

Des croisades d'aventuriers enrégimentés, sorties des ports d'une nation alliée de l'Espagne, commandées par des officiers de l'armée de terre de cette même nation ; des bâtimens de guerre armés dans ses ports, commandés par des officiers de sa marine militaire, sont venus soutenir et propager la révolte ; on enrôlait avec la plus grande publicité dans la capitale ; l'autorité désavouait ces entreprises ; mais les affiches annonçant le but et les encouragemens, ne restaient pas moins attachées aux murs des places publiques. Nous verrons plus tard quel a été l'objet réel d'une politique aussi déloyale...

L'Espagne ne pouvait transiger avec l'Amérique ; la dislocation était imminente, inévitable ; l'union est aujourd'hui facile et certaine. Les deux peuples, partis du même point, arrivés au même but, n'ont plus qu'un même intérêt.

Sur les plateaux des Cordilières, du Chili, du Pérou, de la Nouvelle-Grenade, du Mexique, comme dans les plaines de l'Orénoque et de la Plata, la langue, l'esprit religieux, les mœurs, les préjugés, tout, jusqu'aux noms de lieux et de familles, rappellera toujours l'Espagne ; le traité modifiera le lien politique, mais il fortifiera celui de la fraternité, source de toutes les préférences ; dès lors, qu'importe que l'une soit l'alliée, ou partie intégrante de l'autre ? Le pacte, quel qu'il soit, ne sera pour les deux pays qu'une transaction de famille.

Les îles de Porto-Rico et de Cuba, mieux gouvernées, admises au partage du bienfait d'institu-

tions nouvelles , assigneraient seules à leur métropole une place garantie parmi les puissances maritimes. L'Espagne succombait sous le fardeau de
trop grandes, de trop nombreuses possessions ;
fît-elle aujourd'hui quelques sacrifices, son patrimoine colonial sera encore tel , qu'elle n'aura rien
à envier à ses rivales.

L'île de Cuba n'est pas de l'espèce de celles
qui peuvent exister indépendantes ; elle ne cher-
chera jamais à se donner une autre métropole, et
l'Espagne ne mettra point en question s'il lui con-
vient de la conserver ou de l'abandonner.... Riche
de son sol, l'un des plus fertiles du globe, cette
île deviendra le centre des nouvelles relations que
l'Espagne va établir avec le Mexique et le continent américain, et par l'isthme de Panama avec le
Pérou et le Chili.

L'Espagne est l'alliée naturelle de la France ; la
politique , tous les intérêts leur commandent de
rester unies dans la bonne comme dans la mau-
vaise fortune. La France a des torts graves à faire
oublier à l'Espagne : elle n'y a pas du moins
ajouté celui de favoriser la défection dans les Amé-
riques ! Cette conduite sage, loyale et prévoyante
doit avoir préparé des transactions également
avantageuses pour les deux peuples. On pourra
appeler Colombia, ou de tout autre nom, les habitans de la Nouvelle-Grenade ou de la Nouvelle-
Espagne; ils seront toujours Espagnols par les ha-
bitudes et par le caractère.

Je n'ai jusqu'ici considéré toutes ces situations
nouvelles que relativement à l'Espagne euro-

péenne : je ne crois pas m'être trompé en me per-
mettant d'assigner leurs conséquences ; cependant
une grande distance les sépare d'autres événemens
annoncés par un homme dont le génie, semblable
au temps, vole dans les espaces, et ne reconnaît,
comme lui, aucun obstacle invincible (1).

Je rends hommage à son talent, je m'associe à
ses vœux ;... comme lui, je voudrais voir le genre
humain jouissant d'une sage liberté : mais ses prévisions m'absorbent.

Sans doute le Nouveau-Monde secouera le joug
des injustices européennes ; mais la civilisation
seule peut consolider ce grand œuvre ; et le Nouveau-Monde, celui du moins pour lequel M. de
Pradt travaille avec tant de zèle, n'est point civi-
lisé ; une grande partie n'est pas même apte à le
devenir.

L'Amérique apparaît à ce célèbre écrivain plus
forte que tout ce qui existe, donnant à l'Europe
des préceptes de sociabilité, servant de type à tous
les gouvernemens ; l'Amérique, aux yeux de M. de
Pradt, brise déjà *le trident dans la main de l'Angleterre.*

Je ne puis me laisser aller à tant de séduc-
tions.... J'ai parcouru, j'ai étudié les points les
plus importans de cette terre miraculeuse : voici
ce que j'y ai vu.

J'admets que toutes les parties de l'Amérique
sont régénérées, indépendantes de leur métro-

---

(1) Voyez *l'Europe et l'Amérique en* 1821, par M. de
Pradt, tome 2, pages 147 à 163.

pole et indépendantes entre elles. Je réunis tous les élémens destinés à composer cette force commune, qui, suivant l'auteur, *frappe déjà aux portes de l'Europe.*

J'excepte toutes les Antilles, 1°. parce qu'elles sont peuplées de nègres que la nature n'a point destinés à donner des leçons de gouvernement à l'Europe; 2°. parce que le trident de l'Angleterre, toujours protégé par de fortes escadres, ne pourrait être brisé que par des escadres plus fortes encore, et qu'aucune des Antilles ne sera jamais en état de construire une frégate.

Il reste le Mexique et le surplus du continent espagnol. — Le Mexique n'a point de ports sur l'Atlantique; il faut encore le retrancher de la confédération maritime américaine.

Voici de quoi se compose le surplus de ce continent.

	POPULATION.	LIEUES CARRÉES.
Guatimala	1,000,000	26,200
Nouvelle-Grenade . . .	1,800,000	64,520
Caracas et Guyanne espagnole	900,000	48,000
Le Pérou	1,300,000	33,390
Le Chili	800,000	22,674
Buénos-Ayres	1,100,000	143,114
Totaux	6,900,000	337,798

Nous voyons un espace immense et une population extrêmement faible, dont les deux tiers habitent à une élévation de 1,400 à 2,000 toises au-dessus du niveau des ports, sur les grands plateaux des Cordilières qui bordent la mer du Sud, et dont le tiers seulement occupe le littoral des deux mers ou les bords des grandes rivières.... L'intérieur n'est qu'un vaste désert. Ainsi, pour parler par des exemples, l'étendue de ces pays est à celle de la France comme sept est à un, et la population comme un est à trente.

Quant à la population, considérée dans ses élémens, la plus forte partie se compose d'Indiens de race pure; la seconde, de nègres et gens de couleur; on ne compte pas plus de deux millions de blancs, et M. de Pradt nous apprend lui-même que tous ces hommes *n'ont que des mains à la fois craintives, méfiantes, paresseuses et malhabiles.*

Si l'on voulait y joindre le Mexique, on doublerait la population; mais on n'aurait que les mêmes hommes et les mêmes incapacités; et n'oublions point que, du Mexique au Pérou, entre lesquels l'auteur suppose tant de relations et d'affinités politiques, il n'existe aucune route par terre, et que les voyages de l'un à l'autre, par mer, sont infiniment rares, plus longs et plus difficiles que ceux de la France à ses Colonies.

Le Brésil a *douze cents* lieues de côte sur l'Océan.... Ses limites vers le Pérou et le Paraguay ne sont point déterminées.

Son territoire contiendrait à l'aise cent millions d'habitans : sa population, y compris les sauvages qui habitent les déserts, ne s'élève pas à trois millions.

J'ai bien de la peine à trouver dans tout cela, même avec le secours des États-Unis, le levier qui doit soulever l'Europe, ou le trident qui doit briser celui d'Albion.

Mais parcourons la domination anglaise.

Elle possède l'Inde, l'île de Ceylan, une partie des îles de la Sonde, la Nouvelle-Galle du sud et la terre de Vandiemen.... Voilà plus de terre que n'en contient l'Europe !

Elle colonise la Nouvelle-Zélande et les nombreux archipels de la mer du Sud ; son pavillon flotte sur les archipels des Amis, des Navigateurs, et plus au nord, sur les îles Sandwich.

Elle fortifie avec des soins particuliers les îles d'Owhyée et d'Otaïti, auprès desquelles elle entretient des stations surveillant à la fois le Mexique, le Pérou et le Chili.

Le cap de Bonne-Espérance était la plus importante des Colonies hollandaises, sous le double rapport de sa position et de la richesse de son sol ; elle surpasse en étendue celui de la Grande-Bretagne ! L'Angleterre l'a envahie à titre de protection, elle l'a gardée à titre de conquête. La Colonie du cap de Bonne-Espérance est aujourd'hui l'enfant de prédilection de l'Angleterre ; les nouveaux Colons qu'elle y envoie absorbent déjà la population originaire. Il ne suffit pas à l'Angleterre de posséder un pays, il faut que ce pays soit anglais ou qu'il le devienne.

Sur les rives de la Gambie et sur la côte de Guinée, les villes de Sainte-Marie et de Sierra-Leone, nouvellement construites, forment déjà les chefs-lieux de Colonies importantes, desquelles d'autres villes, telles que Kissey, Frée-Town, Glocester, Régent-Town, attestent les rapides progrès.

Le mot esclavage est proscrit dans ces Colonies africaines ; mais la terre n'y est cultivée et ne peut l'être que par des esclaves africains ; car il est positif que les Anglais n'ont pas trouvé dans ce pays un seul nègre de bonne volonté.

Mais là, tout se passe dans le mystère ; le pays est impénétrable aux voyageurs.

Toutefois, les procédés suivis à l'égard des noirs que les Anglais saisissent sur les bâtimens des autres nations, révèlera peut-être une partie du secret.

Ces nègres sont d'abord conduits à Sainte-Marie ou à Sierra-Leone.... On choisit, parmi eux, les mieux constitués ; et, sous le prétexte de recruter les régimens noirs que l'Angleterre entretient dans ses îles du Vent, on les y envoie. A leur arrivée, on les attache à la culture ;.... les autres sont répartis, en Afrique même, sur les plantations.

Ainsi se réalise, suivant le code anglais, l'abolition de la traite, ce leurre de la *philanthropique* société africaine.

Dans le golfe du Mexique, les Lucayes, les Caïques au nord de Saint-Domingue, les îles Vierges, voisines de Porto-Ricco, la Jamaïque cultivée par trois cent trente mille esclaves, l'Anguille, Antigues, Saint-Christophe, Nième, Mont-Sarrat, la Dominique, Sainte-Lucie, la Barbade, Saint-Vincent, la Grenade, Tabago, la Trinité ; et non loin de là, Essequibo, Berbich et Demerari, la plus riche partie de la Guyanne hollandaise, puisque le royaume des Pays-Bas n'y conserve plus que Surinam.

Ne croyez pas que l'Angleterre soit satisfaite.... L'Amérique espagnole ne s'était pas encore déclarée indépendante, et déjà le commerce anglais était averti que l'Espagne *doit voir ces régions perdues pour elle*; qu'il obtiendra une grande part de leur commerce *très-lucratif*. On lui a tracé la route qu'il devra suivre, les ports où il devra débarquer. On a annoncé que l'Angleterre commencera par exiger des communications exclusives, et finira par la conquête des trois fortes positions de *Porto-Bello*, de *Chagré* et de *Panama*, qu'elle considère comme la clé de *tout le pays* qui doit définitivement appartenir *à l'une des grandes puissances de l'Europe*, et non aux Etats-Unis.... Cette grande puissance de l'Europe ne peut être que l'Angleterre (1).

L'Angleterre est partout présente; partout l'esclavage vivifie ses établissemens coloniaux : et observez bien que la discipline des noirs n'est nulle part aussi peu paternelle que chez les Anglais.

Nos hommes d'état apercevront-ils un jour les piéges dont on les entoure? consentiront-ils à reconnaître que l'Angleterre se fait de leur crédulité un immense instrument de fortune? mais que sa sensibilité personnelle se prête merveilleuse-

---

(1) Voyez *l'Europe et l'Amérique en* 1821, 2ᵉ. partie page 337 et suiv.

ment à tous les moyens, quels qu'ils soient, qui peuvent appauvrir ses voisins et l'enrichir elle-même.

Toutes les nations ont les yeux fixés sur le Nouveau-Monde. L'Angleterre nous déborde de toutes parts....., Il ne lui reste qu'une conquête à faire, et nous ne voyons point qu'en accréditant sa politique, séduisante sans doute pour la France, puisqu'elle semble s'adresser aux sentimens nobles et humains, cette conquête va s'opérer par nos propres mains; que nous allons livrer à sa jalouse et adroite ambition les derniers débris du naufrage! Les produits coloniaux de ses anciens établissemens pouvaient suffire à l'Europe entière, et partout elle forme des établissemens nouveaux : et nous mettons en problème si la France ne doit point renoncer aux Colonies qui lui restent!

On a dit qu'elles pouvaient compromettre la paix de la France.... Comment répondre sérieusement à une allégation pareille? Comment calmer ou détruire des craintes qui sans doute n'existent point, et qu'un grand peuple ne doit jamais éprouver... Ne permettez plus la sortie de vos bâtimens, car chacun d'eux peut devenir l'occasion ou le prétexte d'une rupture N'ayez plus de marine, car un bâtiment français vient d'être saisi aux Etats-Unis d'Amérique, sous prétexte d'une infraction à un règlement du fisc.

On a dit aussi qu'au premier coup de canon, nos Colonies tomberont au pouvoir des Anglais! Les Anglais savent trop bien que les Colonies françaises ne se soumettent point ainsi aux dominations étrangères... Ici du moins la réponse est facile, et la peur pourra être combattue par des exemples... Nous nous bornerons à ceux fournis par la Guadeloupe.

En 1691, neuf cents hommes de milice et deux compagnies de la marine font tête pendant vingt-cinq jours à trois mille Anglais, et les forcent à se rembarquer.

En 1703, même avantage : les habitans, renfermés dans le fort, ne l'évacuent qu'après que la brèche est devenue praticable ; ils se retirent à la lisière des bois, et l'ennemi épuisé est contraint à remonter sur ses vaisseaux.

En 1759, six mille hommes de troupes, un corps de milice et de travailleurs, tirés des îles-anglaises, opèrent un nouveau débarquement ; douze vaisseaux de ligne, six frégates, quatre galiotes à bombes s'embossent devant la ville et le fort de la Basse-Terre. Une partie de la ville est réduite en cendres... Les Anglais saccagent la campagne, et enlèvent jusqu'aux cultivateurs !

Nos troupes, qui ne consistent cependant qu'en onze cents hommes de milice et cinq compagnies de marine, prennent position, repoussent toutes les attaques, et ce n'est que quatre mois et six jours après le débarquement, qu'elles capitulent, manquant absolument de vivres.

En 1794, six mille anglais débarquèrent à la grande anse des trois rivières, et s'emparèrent, sans opposition, de la Guadeloupe proprement dite... Ce premier coup de canon, dont on parle, ne fut même point tiré !

Nos Colonies étaient déjà parvenues à cette époque déplorable de ruine et de destruction, qui explique seule la facilité de la conquête. Je n'accuse personne; mais je voudrais démontrer par des faits que le grand secret de la défense des Colonies est dans le bonheur des habitans : qu'on soit juste envers elles ; le courage et le patriotisme écarteront toute invasion étrangère.

L'exemple que je vais citer n'appartient point à des temps ordinaires; la constitution politique des Colonies se compose d'élémens trop délicats pour pouvoir supporter deux fois l'emploi de semblables moyens.

Les forces anglaises étaient réparties entre la Basse-Terre et la Pointe-à-Pître.

Au mois de juin, deux frégates françaises et quelques petits bâtimens débarquent, à une lieue de cette dernière ville, des commissaires envoyés par la France, et huit cents hommes de troupes, qui prennent d'assaut le fort Fleur-d'Epée, et s'emparent de la ville.

Les Anglais reçoivent un renfort, ils reprennent fleur-d'Epée ; ... la population court aux armes ; les Français, cernés et surpris pendant la nuit, évacuent la Pointe-à-Pître ; se rallient sur le Morne du gouvernement, nommé depuis, *Morne de la Victoire* ; se précipitent sur les Anglais qui occupaient la ville, et les détruisent presque en totalité; ce qui échappe au massacre se réfugie au camp St.-Jean... Ce n'était plus une guerre d'invasion, c'était une guerre civile excitée par les Anglais, et devenue effroyable par la haine même qu'on portait à leur pavillon... Ils la terminèrent comme à Quiberon!...

L'histoire de la Guadeloupe, à partir de cette époque, n'est plus celle d'une Colonie. La Guadeloupe devient une puissance, conservant et faisant redouter le nom français. Les bâtimens du commerce sont tous armés en guerre. Les prises faites sur la marine anglaise remplissent les ports, et entretiennent l'abondance; les côtes sont armées, des fortifications s'élèvent, la marine anglaise, sans cesse harcelée, ne peut plus que faire des pertes : la Guadeloupe seule menace toutes les Colonies voisines; les cargaisons anglaises la nourrissent, les bâtimens américains exportent ses denrées... Preuve irrécusable que les Colonies de la Guadeloupe et de la Martinique ne peuvent être bloquées, et que le courage de nos marins prévaudra toujours contre les efforts des escadres britanniques. Les Anglais seuls ont intérêt à prétendre que la guerre ferme la route entre la France et ses Colonies.

Eux seuls aussi ont intérêt à prolonger notre ignorance, à nous égarer dans un système qui aurait pour infaillible résultat de créer un monopole qu'eux seuls pourraient exercer... Ils disent à nos Colonies que la France les dédaigne; ils disent à la France que les Colonies lui sont onéreuses ; ils sèment la désaffection pour désunir; ils vous épuiseront si vous vous désunissez !

Apprenons plutôt à mieux connaître, à pondérer nos besoins et nos ressources : nous vivons dans un temps bien digne de fixer l'attention des hommes

qui s'occupent d'économie politique.. La guerre
et le blocus continental ont révélé bien des secrets, ont excité bien des industries !... De nombreuses manufactures se sont élevées ! La France
est travaillée du besoin de produire ;... des mœurs
nouvelles ont succédé à des goûts fugitifs... Un
sentiment vraiment national, puisqu'il est universel et patriotique, recherche ce qui est Français, repousse ce qui est étranger, ce qu'il était
du bon ton de préférer, il y a quarante ans, à
à ce qui était Français... Cette révolution morale
va parcourir l'Europe ; déjà les nations s'isolent
par l'élévation des tarifs ; elles tendront à s'affran-
chir de tous les goûts, de toutes les nécessités que
les productions indigènes ne sauraient satisfaire..
L'habitude amènera les prohibitions... Déjà nos
relations avec les États-Unis sont suspendues de.
fait, au grand avantage de l'Angleterre ; la Prusse
ferme ses frontières à nos vins, et la Russie.,
par un nouveau tarif de commerce, affranchit déjà
son industrie naissante de toute concurrence
étrangère.

Nous avons vu que tous les peuples fondent des
espérances sur le Nouveau-Monde, que tous les
gouvernemens encouragent leurs efforts ; la Suède
n'a pour Colonie qu'un rocher sous les tropiques,
et elle en retire de considérables revenus ; le Da-
nemarck n'y possède que St.-Thomas et Ste -Croix,
presque imperceptibles dans l'archipel occidental,
et l'une et l'autre sont pour lui un moyen de richesse.

En France, les produits de l'industrie et du sol,

la population , tout surabonde; nos Colonies nous offrent un vaste débouché ; ne soyons pas assez imprudens pour méconnaître notre position.

Jetons un coup d'œil attentif sur l'état fourni par l'administration des douanes , de tous les objets bruts ou travaillés , des vins , et des farineux alimentaires que la France a envoyés dans ses Colonies , pendant l'année 1820 ; ajoutons au tableau les salaisons de poisson et de bœuf dont elles font une consommation si grande , et dont nous laissons le bénéfice aux étrangers, quoique les matières premières soient en abondance sous nos mains , et surtout la morue , dont la pêche peuplerait notre marine militaire de matelots expérimentés , et pourrait à peine suffire à la consommation annuelle , qui atteint ou dépasse, pour la Guadeloupe et la Martinique , six cent mille quintaux : et cependant la France paye aujourd'hui des primes d'encouragement ! Ce seul objet, abandonné aux étrangers , nous enlève des capitaux qu'il nous serait aussi facile qu'avantageux de conserver !

Les Colonies étaient malheureuses en 1820; elles sont plus malheureuses aujourd'hui : mais si, dans leur détresse , elles peuvent donner à nos recoltes et aux objets sortant de nos fabriques un tel écoulement, quel dévelopement leur possession ne serait-il pas susceptible de donner à la prospérité nationale , si elles étaient convenablement régies.

M. le baron Portal , précédent ministre de la marine , fait connaître , dans son rapport au roi sur le budget de 1822 , p. 52 , que nos Colonies , dans cette même année 1820, sont entrées pour environ un cinquième, bénéfices non compris, dans le mouvement général du commerce de France.

De tels établissemens valent bien la peine qu'on s'occupe sérieusement de leur conservation, qu'on écoute leurs plaintes, et qu'on cesse enfin de prêter l'oreille aux mauvais conseils. La marine, le commerce, l'agriculture, tout sollicite un meilleur ordre de choses.... Les affections primitives doivent être rétablies; les Colonies ne sont pas les simples alliées de la France ; elles composent avec elle un seul tout, un seul peuple, une même possession, dont chaque partie doit concourir à la prospérité des autres.

Le gouvernement vient de faire un grand pas vers ces améliorations ; on ne tient plus sur nos Colonies ce langage despectueux et d'origine étrangère, qui a déjà donné naissance à tant d'erreurs, et qui a déjà fait tant de blessures !

Cette année du moins, M. le directeur-général des douanes (1) considère avec quelque intérêt l'état de souffrance dans lequel se trouvent les Colons et les armateurs français. Il avoue que, sur chaque quintal de sucre, les uns pour les frais d'exploitation et droits locaux, les autres, pour les frais de mer, etc., perdent de 10 à 12 fr.

Ainsi se trouvent justifiées des réclamations si souvent rejetées comme importunes. Il est re-

____

(1) Discours à la chambre, séance du 19 janvier 1822, page 20.

connu, avoué, que tel est le préjudice résultant du système actuellement suivi, que la culture des propriétés coloniales occasionne plus de dépenses qu'elle ne rapporte de produits, et que le commerce avec ces pays est onéreux pour nos villes maritimes.

Nous verrons bientôt si les remèdes qu'on propose sont de nature à tarir la source du mal, ou même à procurer la moindre amélioration.

Il paraît utile, avant tout, de fixer l'opinion sur la nécessité de ne point nous séparer des Colonies. Le plus jeune matelot de la Tamise serait peu embarrassé pour résoudre le problème ; mais ce n'est point à l'Angleterre que nous devons le proposer.

Nous n'avons rien de mieux à faire que de transcrire ici un passage du rapport déjà indiqué :

« On ne doit pas perdre de vue (1) que ce com-« merce entre les Colonies et la métropole a, pour « celle-ci, par les conditions d'après lesquelles il « est réglé, des avantages qui lui conservent toute « la faveur du commerce intérieur ; et l'on sait « combien ces relations, en quelque sorte de « famille, l'emportent sur les relations *les plus* « *favorables* qu'on puisse avoir *avec l'étranger*.

« Outre que les Colonies sont pour la métro-« pole des sources de productions domestiques « généralement recherchées, et d'une autre nature « que celles de la France européenne, des mar-

____

(1) Rapport au roi, par le ministre de la marine, sur le budget de 1822, page 40 et 41.

« chés privilégiés et des échelles de commerce,
« elles sont encore pour elle des moyens d'in-
« fluence extérieure dans toutes les parties du
« monde ;..... ces leviers agricoles, commerciaux
« et politiques, veulent être *ménagés* et entre-
« tenus par le corps social, à l'ensemble duquel ils
« profitent.

« Les Colonies sont un instrument de puissance
« et de fortune publique *malheureusement trop*
« *peu connu.*

« Les Colonies, en un mot, sont des postes
« avancés de l'armée, de l'agriculture, du com-
« merce et de la politique, qui étendent et affer-
« missent la chaîne des relations de la France avec
« le reste du monde ! »

C'est sous de semblables rapports que l'Angleterre considère ses Colonies ; imitons l'exemple
qu'elle donne, puisque le succès en atteste les
avantages ; mais n'écoutons point ses préceptes,
puisqu'ils ne peuvent qu'être nuisibles. Il ne s'agit
pas de l'étendue ou du nombre de nos Colonies ; il
s'agit du point qu'elles occupent, du nombre et
de la sûreté des ports qu'elles possèdent. N'eus-
sions-nous que les rochers *des Saintes*, nous
devrions faire concourir toute la force nationale
à y maintenir notre pavillon, parce que ses rades peuvent recueillir et protéger de grandes escadres.

C'est à la métropole qu'il importe impérieuse-
ment, dans le double intérêt de son commerce et
de sa puissance, de fortifier ses possessions lointaines, de proportionner la protection à l'utilité,

dans la juste prévision des grands avantages qu'elle doit en retirer.

Les Colonies ne sont que des parties intégrantes de la France ; le port du Fort-Royal, à la Martinique, comme le port de Brest ; les forts St.-Charles et de Fleur-d'Epée, à la Guadeloupe, comme les fortifications de Strasbourg et de Lille ; tout est Français : c'est donc à la France, c'est à l'Etat, de pourvoir à leur commune défense : nos villes frontières ne supportent point les frais de forteresses et de garnison ; nos Colonies ne doivent supporter ni ceux des escadres qui les visitent, ni ceux des batteries qui en défendent l'approche.

Ce principe vient enfin d'être reconnu, p. 40 du Rapport que nous avons cité ; M. le baron Portal, en le proclamant, a rendu au roi et au pays un éminent service.

Les Colonies ne sont pas seulement utiles à la France, elles lui sont nécessaires ; cette vérité ressort de toutes parts : il est donc utile, nécessaire de les maintenir en état de prospérité.

Cependant elles souffrent ! Quel remède propose-t-on à d'aussi profondes blessures !.... Un nouveau tarif.

Nous allons examiner quels pourront en être les effets pour les Colonies et pour la France : il ne semble promettre aucun avantage aux premières, et l'autre n'y trouvera probablement qu'un surcroît d'impôts.

La loi proposée a pour objet de procurer aux sucres de nos Colonies un écoulement plus facile, en écartant les concurrences : elle n'atteindra pas ce but. Les bonnes intentions du gouvernement, ainsi exécutées, ne pourraient ni déplacer, ni même atténuer la cause du mal; l'état des choses est tel, que les Colonies ne pourraient en supporter l'essai, même pendant une seule année.

Le classement des denrées étant changé, il faudrait, pour parvenir à l'appréciation des effets probables des nouvelles perceptions, avoir sous les yeux le tableau des quantités respectives qui ont été admises pendant les années précédentes.

Les sucres étrangers étaient distribués en plusieurs grandes divisions. Le tarif projeté n'en admet que deux; et, comme il ne s'agit ici que de sucres étrangers, il s'ensuit que le plus beau sucre terré de l'Inde, qui sera toujours, à cause de l'économie du frêt, importé par préférence, ne payera que les mêmes droits que le plus beau sucre brut de la Havanne ou du Brésil.

Il en résulte que le sucre terré blanc de l'Inde, sur lequel le tarif devait peser avec plus de rigueur, puisqu'il laisse le moins d'occupation à nos raffineries, obtiendra une préférence décourageante sur nos propres sucres, et même, ce semble, une diminution de droits, lorsqu'il sera apporté par navires étrangers.

On remarquera aussi que les sucres de l'île de Cuba et du Brésil seront, suivant leur qualité correspondante à une autre qualité de sucre de l'Inde *des comptoirs étrangers*, soumis à un droit plus fort, de manière que l'Inde est toujours le plus favorablement traitée, quoiqu'elle soit, de tous les pays du monde, celui avec lequel il nous importe le plus de ne faire aucune espèce de transaction; car il ne faut pas perdre de vue que l'île de Cuba et le Brésil ont reçu, en 1820, nos marchandises en payement de *moitié* de leurs sucres, et que l'Inde a exigé les *onze douzièmes* du prix des siens en numéraire.

En supposant qu'il entre dans nos ports, pour notre propre consommation, dans le cours d'une année, une égale quantité des deux espèces de sucres étrangers conservées par le tarif; et en admettant, ce qui est peu probable, que l'augmentation relative à chacune d'elles soit de 15 fr. par 100 kilogrammes, voici ce qu'elle produirait:

L'état n°. 2, annexé au projet de loi, porte que, de ces mêmes sucres, il en a été mis en consommation, pendant l'année 1821, 2,649,579 kil.

Le droit à 15 fr. par 100 kilog., sur cette même quantité, donnerait un produit de. . . . . 397,436 f. 85 c.

M. le directeur général des douanes a fait connaître, dans son discours du mois de juin 1821, que les sucres de l'Inde entrent pour les trois quarts dans ceux que la France achète des étrangers. Les négocians anglais auraient donc à faire, dans cette proportion, une avance de. . . . . 298,077 f. 64 c.

Ne pensez pas que cette somme reste à la charge des armateurs. L'Angleterre s'empressera de la compenser, de la dépasser par une prime spéciale. Cette prime eût été jusqu'ici sans objet; les faveurs de notre tarif lui en ont constamment épargné la sollicitude. Le ministère anglais accorde bien des primes pour l'introduction des toiles peintes ! Il en accordera toujours avec largesse, lorsqu'il aura l'espoir de décourager notre industrie, ou de faire tourner au profit de sa politique les fautes qu'il nous conseille. N'oublions point qu'après le traité de commerce de 1786, l'Angleterre inonda la France de ses marchandises; que tous les objets envoyés par elle, et dont nos manufactures pouvaient soutenir la concurrence, étaient vendus à moitié perte; et cependant les commerçans anglais faisaient fortune !

Vous vouliez exclure les sucres de l'Inde : ils vous arriveront en plus grande abondance... Vous vouliez favoriser vos Colonies : vous n'aurez eu pour elles qu'une bienveillance stérile... Vous vouliez enrichir le trésor : vous n'obtiendrez qu'une recette inaperçue, et qui retombera toute entière sur les consommateurs.

Il faut s'élever à de plus hautes pensées, substituer à des idées purement fiscales un système d'échange journalier d'affection sincère et d'amitié exclusive, rapatrier avec la métropole des possessions qu'elle a flétries par l'injustice.

Les Colonies sont indispensables au commerce, aux manufactures, à la marine de la France; leurs habitans sont éminemment Français, hospitaliers, pleins d'honneur et de courage; nous les avons vu, à toutes les époques, résister, au milieu de leurs habitations en flammes, aux attaques de troupes aguerries, trois fois supérieures en nombre. Mais ils ont enduré de longues souffrances : il est juste, il est politique d'améliorer définitivement leur sort.

Pour cela, un seul acte du souverain est nécessaire ; cet acte, cette loi doit disposer qu'aucune denrée, aucune production coloniale, autres que celles de nos Colonies, tant qu'elles pourront suffire à la consommation, ne seront admises en France ; et que les Colonies ne recevront de l'étranger rien de ce que la France pourra leur fournir.

Toute autre transaction procéderait d'un faux principe ; tout contrat qui ne reposerait point sur une réciprocité absolue tromperait la France au profit des puissances jalouses. — Un tarif n'est point une barrière ; c'est souvent une porte ouverte à la séduction ou à la ruse... Si vous permettez aux sucres étrangers d'entrer à certaines conditions, croyez qu'ils sauront bientôt entrer sans condition... On vous disait, il y a quelques mois, qu'on les recevait à regret, mais qu'on était forcé de les recevoir, parce que nos Colonies ne pouvaient vous approvisionner ; et au même instant, dix mille boucauts de sucre français dépérissaient, faute d'acheteurs, dans les seuls magasins de Bordeaux ; et au même instant, on accusait nos Colonies de ne point envoyer leurs sucres en France ! Ce n'est pas tout encore : on justifie par notre propre pénurie la tolérance accordée aux sucres étrangers, et on accorde des primes pour l'exportation !

On emprunte sans cesse à l'Angleterre des préceptes de droit civil ou de droit politique ; elle intervient dans toutes nos discussions... Là, du moins, tout est unanime lorsqu'il s'agit des grands intérêts de l'Etat. Le pouvoir, l'aristocratie, la démocratie, tout se réunit, soit pour conserver ce que l'Etat possède, soit pour l'agrandir. C'est sous ce point de vue, surtout, qu'il importe de la prendre pour modèle ; elle est vraiment la terre classique de la science coloniale... Eh bien ! elle ne croit pas qu'un tarif élevé puisse suffisamment garantir les sucres de ses Colonies originaires, non-seulement de la concurrence des sucres étrangers, mais même des sucres provenant des Colonies de la conquête. Tous les sucres autres que ceux de ses premières Colonies sont rigoureusement exclus de la consommation, dans les trois royaumes... Il n'y a pas même d'exception pour les sucres de l'Inde... Les sucres Anglais de l'Inde ne sont point consommés en Angleterre ; et l'on nous propose de les consommer en France, au préjudice de nos propres sucres ! La défaveur que doit exciter un tel projet n'a pas sans doute besoin d'être démontrée.

Si nous imitons l'Angleterre, que ce soit seulement dans l'unanimité d'efforts qu'elle fait pour fortifier la puissance maritime et la richesse coloniale qui supporte son sceptre.

Cette richesse est aujourd'hui colosale, mais elle n'est pas complète ; il lui manque le monopole universel, et le monopole est obtenu si la France et l'Espagne perdent leurs possessions d'outre-mer. Nous avons vu, relativement à cette

dernière, quels sont déjà les projets de l'Angleterre. Quant à nos Colonies, l'état actuel de l'Ile-
de-France présage assez le sort qui leur est réservé.
Il y a à peine quelques jours que cette belle Colonie est passée sous la domination britannique ;
elle est déjà veuve de sa population, que les vexa-
tions ou les dégoûts forcent à s'exiler ; les terres
ne reçoivent plus de culture ; les Anglais ont ven-
du jusqu'aux instrumens qui servaient au curage
des ports. L'ambition de la Grande-Bretagne est
surchargée de Colonies productives ; celles qui lui
restent à conquérir sont destinées à devenir dé-
sertes. L'île Bourbon paraît dans un état prospère ;
il faut en assigner la cause : vous la trouverez
dans les malheurs même de l'Ile-de-France, sa
voisine : la première est restée française ; les habitans de l'autre y ont transporté leur fortune
défaillante, leur active industrie. Les améliorations de l'île Bourbon ne représentent que les dé-
sastres de l'Ile-de-France.

Tant que le sol colonial a manqué à l'Angleterre
pour qu'elle pût accabler toutes les concurrences
sur les marchés d'Europe, les Colonies qu'elle a
conquises ont été favorisées, encouragées par elle ;
depuis qu'elle a atteint le but, elle ne conquiert
plus que pour détruire.

Je crois avoir démontré qu'il est d'un grand intérêt pour la France de conserver ses Colonies ;
pour les Colonies, de rester unies à la France ;
qu'entre elles, l'unité d'intérêts doit faire renaître
l'unité d'affections. La question coloniale ne peut
rester suspendue qu'aux yeux de ceux dont le gé-

nié , devançant les siècles , ne place la force et la richesse des peuples que dans des théories aériennes ; ou pour d'autres qui , sans le vouloir, sans le savoir , se constituent les organes de l'étranger.

Nous ne pouvons avoir de marine militaire sans Colonies ; nous ne pouvons avoir de marine marchande sans marine militaire. Avant de descendre à cet état de dégradation , n'est-il pas du devoir de tous de calculer les conséquences ? Elles ne sont ni éloignées , ni problématiques. Nous achèterions tout et nous ne vendrions rien ; nous aurions des denrées sans emploi ; des manufactures sans action, des marins sans état , des besoins sans moyens de les satisfaire.

En conservant nos Colonies , on pourvoit à tout par des échanges ; si la balance reste inégale , et , soit que les Colonies consomment moins qu'elles ne produisent , ou qu'elles produisent moins qu'elles ne consomment , tous les avantages se replient sur la France ; car entre elle et les Colonies, il y a échange de population comme de productions. Des Français vont aux îles pour faire ou augmenter leur fortune ; d'autres Français des Colonies vont en France pour y jouir de celle qu'ils ont acquise.

On ne sait point assez que les relations commerciales avec nos Colonies ne sont pas restreintes à leur consommation ; qu'elles ont été, qu'elles peuvent être encore le but de grandes exportations, de grands et avantageux développemens qui , pour ne pouvoir être expliqués avec publicité , ne sont ni ignorés , ni contestés par ceux qui ont pris la

peine de scruter les secrets des localités et des ha-
bitudes de certains peuples *anciens* ou *nouveaux*,
dont on a tant parlé sans les bien connaître.

La chose importante, c'est d'apprendre à mesu-
rer nos positions ; de ne point séparer ce qui doit
être uni ; d'améliorer, avec prudence et par des
innovations lentes et successives , le *sort* des cultivateurs et l'*état* de la classe intermédiaire ; d'en-
courager les voyages au banc de Terre-Neuve,
pour former de nombreux matelots, et raviver
nos chantiers ; de réduire les perceptions fiscales
au taux strictement commandé par les besoins
publics ; de dégager le commerce français de
toutes les entraves inutiles, et de combiner, à
l'égard du commerce étranger, les précautions à
prendre : de telle sorte que, sans procédés vexa-
toires , la fraude soit nécessairement connue et
réprimée (1). Les denrées étrangères , même
lorsque leur introduction semble justifiée par la
probabilité des bénéfices, ou par les comman-
demens de la nécessité, sont toujours contagieuses
pour nos propres établissemens. Il doit être cons-
truit pour elles , dans nos rades et sur nos frontières , de véritables lazarets, afin que l'autorité,
qui seule peut connaître les approvisionnemens
intérieurs, soit seule chargée de déterminer les
nature et quantité qui peuvent entrer dans la cir-

----

(1) On dit, mais je n'ai osé le croire, qu'il existe en
France , et même à Paris, des bureaux d'assurance pour la
contrebande. Je regrette de ne pouvoir mettre les preuves
aux mains de l'autorité ; mais elle est avertie.

culation, en réservant toutes les préférences pour les objets qui, provenant d'échanges contre des denrées ou marchandises françaises, auront été importés par des bâtimens français.

Rien d'étranger ne doit être consommé, soit en France, soit dans les Colonies, si leur sol peut le produire, ou si leurs ouvriers peuvent le fabriquer, ou si leur marine peut se le procurer. — Toute tolérance qui blesserait le principe, aurait pour résultat de faire passer, sans retour, notre numéraire à l'étranger, tandis que le premier devoir de la politique est de l'attirer et de le retenir.